AF253572

RÉFLEXIONS

SUR LA GUERRE

ET

SUR LA RELIGION

J. CAILLAT

RÉFLEXIONS

SUR LA GUERRE

ET

SUR LA RELIGION

PARIS

E. LACHAUD, ÉDITEUR-LIBRAIRE

4, PLACE DU THÉATRE-FRANÇAIS

1871

Nous aimons à espérer que les pages suivantes auront tôt ou tard leur utilité, et nous ne nous dissimulons pas que maintenant elles paraîtront pâles, en présence des drames sanglants qui viennent de se passer de part et d'autre avec un sang-froid de carnage qui fait presque honte à l'humanité.

Certes, au début, l'Allemagne a eu pour elle le bon droit de la défense, mais aujourd'hui, elle se laisse emporter par le succès, et elle oublie que si la guerre à outrance est fatale au vaincu, elle épuise aussi les forces du vainqueur.

CHAPITRE PREMIER.

Nous avons essayé de tracer, dans un récent opuscule sur le libre échange, les principes vitaux du commerce et de l'industrie, tout en laissant entrevoir combien était grande l'influence des religions sur les peuples. Alors, c'est-à-dire il y a quelques mois, qui aurait pu supposer que la France était à la veille d'éprouver, dans un espace de temps aussi restreint, des revers, des désastres, comme il n'en est peut-être jamais arrivé depuis que le monde existe ! Il était probablement nécessaire, pour l'édification des générations présentes et futures, qu'une lutte aussi violente, aussi gigantesque se fît jour, afin que l'humanité pût en retirer de salutaires leçons. La France enviée, riche, puissante, invincible, a été dans ce conflit la victime choisie pour frapper l'imagination des hommes et les éclairer sur les causes de la décadence des nations. C'est un avertissement suprême ; profitons-en sans nous laisser abattre, et la France renaîtra plus aimée, plus lumineuse et plus imposante qu'elle ne l'a jamais été.

Que de réflexions à faire en comparant l'importance actuelle de la Prusse et du Piémont avec le rang qu'ils occupaient au commencement du siècle. Alors ils étaient gouvernés par la France ; aujourd'hui, l'une absorbe l'Allemagne, l'autre est devenue la clef de l'unité italienne.

D'où provient un tel changement ? Quand les princes pensent à leur pays avant de songer à eux-mêmes, la vérité remplace la flatterie, et l'homme utile s'élève plus facilement à la hauteur des circonstances qui le réclament et le mettent en évidence.

Sous ce rapport, Guillaume et Victor-Emmanuel ont été privilégiés, car ils ont eu chacun : homme de guerre et homme d'État : Cavour et Bismark, Molkte et Garibaldi, tous pénétrés de l'amour de la patrie. Bismark et Cavour ! deux intelligences à haute portée, qui feront époque dans l'histoire.

Le premier a compris la puissance et la force morale du protestantisme et de l'organisation militaire de son pays.

Le second a su faire sortir de la poitrine de l'Italie le

cri d'indépendance, soit contre l'étranger, soit contre le pouvoir temporel des papes.

Toutefois, ces deux hommes d'État n'ont eu de similitude que sur un point : celui d'avoir été moulés sur le caractère, ou, si l'on veut, avec le tempérament de leurs princes. Autrement, l'un a eu la grandeur d'âme d'un citoyen romain; il a annexé son pays à l'Italie, et il a ainsi entraîné la population de la péninsule, même celle de Rome, à faire avec abnégation le sacrifice de leurs individualités pour fonder l'unité de l'Italie. Grâce donc à Cavour, une grande patrie italienne est maintenant organisée. Reste aux hommes à se régénérer et à savoir être dignes d'un pareil bienfait. Ils ont à faire ; car, à la suite du despotisme, il faut plus d'une génération pour tremper le cœur d'un citoyen.

Mais si Cavour a été la main bénie des Italiens, on ne peut pas en dire autant du diplomate prussien, qui a eu, il est vrai, une plus rude tâche à remplir.

Bismark a été pour l'Allemagne un bras de compression, ce qui l'a aidé à tenir à notre égard la verge du châtiment. Ambitieux et rusé, il a bien suivi la tradition du grand Frédéric ; au lieu d'annexer son pays à la patrie allemande, il ne cherche qu'à annexer l'Allemagne à la Prusse. Peser sur les faibles, s'emparer des petits États limitrophes : voilà son but.

A son début, il a admirablement exploité les libéraux de l'Allemagne, qui, pour faire de la popularité, ont été les premiers à invoquer ce grand mot de nationalité pour provoquer… quoi ? L'envahissement d'un petit pays, heureux d'être Danois, et qui a prouvé, par sa vaillante défense, qu'il ne subissait que par la force le joug de cette soi-disant nationalité allemande.

Pauvres libéraux ! Quand on veut fonder une confédération de pays libres, on ne débute pas par opprimer le faible. Il faut laisser cela aux empires ambitieux, à qui tous moyens sont bons pour arrondir leur territoire.

Aussi, qu'avez-vous fait ?

L'agrandissement de la Prusse et la sujétion de l'Allemagne.

La nationalité qui réunit divers pays en une seule patrie ne s'improvise pas ; elle n'a pas pour simple base la similitude de l'idiome ; mais elle puise ses éléments de vie et de durée dans les institutions, dans l'égalité et surtout dans l'adhésion volontaire et non forcée des populations qui la composent. Le nœud solide des nationalités est comme celui du mariage ; ce ne sont pas la même langue et la même origine qui constituent la base réelle des liens de la famille, mais bien les égards, les vertus et le saint amour qui règne entre les époux.

Malgré cette brillante campagne de France, les peuples allemands ne pourront pas oublier 1866, et, quand ils rentreront en eux-mêmes, ils seront obligés de s'avouer qu'il n'y a entre eux de confédération que le mot, mais qu'en réalité il y a un vainqueur dont ils sont les satellites.

Du reste, l'avenir nous démontrera probablement l'utilité de la formation d'un grand empire protestant au centre de l'Europe, prédestiné d'une part à tenir en échec la théocratie russe, d'autre part à contre-balancer dans l'occident l'influence de l'Église romaine.

CHAPITRE II.

Si Henri IV et Sully ont été le modèle de l'union d'un grand roi et d'un grand ministre, inspirés par la seule grandeur de la France, nous devons reconnaître que les deux plus illustres souverains qui ont régné dès lors ont été souvent aveuglés par leur orgueil ou leur ambition, et nous pouvons aujourd'hui juger qu'ils ont été les premiers instruments de notre chute actuelle : Louis XIV en révoquant l'édit de Nantes, et Napoléon Ier en refoulant le protestantisme qui ne demandait qu'à se faire jour après la révolution de 1789.

En dehors de la vanité secrète de savourer les pompes pontificales, ils n'ont vu dans Rome et le clergé que des auxiliaires pour entretenir l'un le vasselage, l'autre la compression des masses. Tous deux ont bien compris que le protestantisme allait à la lumière et que le catholicisme était né l'ennemi des libertés. Napoléon Ier a, de plus, abusé de cette riche et vaillante séve de la révolution qui avait sauvé la France. Il a fait miroiter à nos yeux la gloire, et il a faussé notre sens moral en cherchant à nous faire oublier par la conquête le respect qu'une grande nation doit à des peuples non ennemis. Il a ainsi converti en longue et sourde inimitié cette sympathie de tous les cœurs qui allaient alors au-devant de la France et de la liberté.

Napoléon III, de même que son oncle, est monté sur le trône en violant le serment fait à la République. Par le vote des hommes ils ont tous deux été absous; mais Dieu ne l'a pas sanctionné. On ne peut pas refuser à Napoléon III une haute intelligence, un esprit souvent libéral, du sang-froid et du courage. Si Sedan paraît être une dénégation de tout cela, c'est que nous jugeons peut-être mal, ou plutôt que nous ne pouvons pas encore connaître les intimes pensées et les replis secrets du cœur de l'infortuné souverain. Il a trop cherché, pendant son règne, à subordonner la France à ses préoccupations dynastiques; voilà son erreur.

Cette pensée a été probablement un des moteurs de la guerre actuelle, mais il faut être juste et savoir dire que

l'empereur n'en a pas seul toute la responsabilité : l'opposition des chambres et de la presse, quoi qu'elle en
dise, en a aussi assumé sa bonne part. Elle n'a pas assez
été l'antagoniste des mauvaises passions ; elle n'a témoi-
gné ni encouragement ni satisfaction aux libertés accor-
dées pendant les trois premiers mois du ministère Olli-
vier, libertés qu'elle était cependant loin d'espérer quel-
que temps auparavant.

Elle s'est montrée, au contraire, peu généreuse, tracas
sière, presque vindicative, et elle n'a pas voulu comprendre que, gagnant chaque jour du terrain, elle pouvait
encore, avec de la patience, conduire à bien les affaires du
pays et réparer avec le temps les défaillances de 1851.

Mais il en est toujours ainsi chez nous : le parti qui est
au pouvoir se complaît à invoquer la France, et ceux qui
n'y sont pas pensent à leurs intérêts avant de s'inquiéter
du bien général.

Certes, l'opposition, représentée aujourd'hui par le
Gouvernement de la défense nationale, a cherché à réparer ses fautes en se mettant à la brèche pour sauver le
pays ; à cet égard elle a bien mérité de la patrie, mais elle

n'en a pas moins confisqué passagèrement le pouvoir, et pour l'avenir, ce sera encore un funeste exemple à ajouter à tant d'autres.

Voilà l'écueil de l'illégalité.

Pour être sincères, nous devons ajouter, relativement à la guerre, que, si nous interrogeons le fond de notre cœur, nous serons forcés d'avouer que nous y avons également tous plus ou moins participé, et pour le démontrer il suffit de poser cette simple question :

L'empereur victorieux eût-il été acclamé ? Nous répondrons :

Oui, et avec enthousiasme.

Il est vaincu, et quelques heures après nous le déclarons déchu ! C'est bien le cas de dire : Vanité des vanités, etc.

Napoléon, au lieu d'être le second du nom et l'imitateur de son oncle, eût pu facilement devenir le premier Washington européen.

C'eût été plus noble et plus grand. A la fin de 1848, la France, et surtout les grandes cités commençaient à se familiariser avec les luttes de la vie publique ; si la révolution inopinée de février n'avait pas encore fait surgir de grands hommes d'État, elle avait du moins mis au jour de mâles caractères, tels que Lamartine, Cavaignac et autres, qui préparaient le pays aux institutions républicaines, tout en maintenant l'ordre et la liberté. Mais la France, travaillée sourdement pour l'empire pendant les trois années du consulat-présidence, se laissa choir en 1851. Pour sauvegarder des intérêts matériels de second ordre, elle a abandonné sa dignité morale, et a laissé à la génération suivante les afflictions et les malheurs qui nous accablent aujourd'hui. Cet axiome du sage est donc vrai : Les peuples ont les gouvernements qu'ils méritent.

Avec l'empire, une nouvelle cour à doter, l'envahissement des flatteurs, les exigences des vers rongeurs ; concussion en haut, envie en bas, et, dans le milieu, surtout après les expropriations, beaucoup trop de parvenus rapidement enrichis, avides de luxe et de jouissances matérielles.

L'étoile bienfaisante d'une nation gouvernée par un

monarque, c'est, naturellement, la compagne qui partage les honneurs de la couronne.

Certes, l'impératrice Eugénie a été à la hauteur de sa tâche, et, comme femme, elle a fait preuve du plus noble des dévouements en allant en plein choléra visiter et consoler les malades et les mourants. Riche de belles qualités discutées aujourd'hui, elle a eu, au point de vue de l'éducation, le tort involontaire d'être née Espagnole.

De là, cette crainte, peut-être juste, qu'elle ne fût influencée ou exploitée par le monde clérical.

CHAPITRE III.

Pourquoi les peuples catholiques, dans leurs passages de réveil et d'indépendance, ont-ils détruit les cloîtres et châtié les desservants de l'Église ? Par sentiment anti-religieux ? Nullement ! mais parce qu'ils ont compris vaguement et par intuition que les erreurs et les formes de l'Église romaine sont les obstacles qui les privent de cette aspiration directe à la divinité : aspiration écrite dans les lois de Dieu et qui est la substance de la religion chrétienne. Sans être théologien, tout chrétien qui peut et veut lire l'Évangile se convaincra que Jésus n'a jamais dit que la vierge Marie fût Dieu. Il n'a institué ni pape, ni cloître, ni couvent, ni indulgences ; encore moins le célibat des prêtres et ces pompes de l'Église qui ne sont que la continuation des égarements du paganisme. Il a prêché la communion, la fréquentation des temples, et il a dit : « Croyez en Dieu, croyez en moi et vous serez sauvés. »

Comment se fait-il que cette grande et belle simplicité du christianisme ait pu, quelques siècles plus tard, faussée par la main des hommes, se revêtir des formes de l'idolâtrie ? Parce que l'orgueil et l'esprit de domination sont des faiblesses qui germent toujours dans le cœur humain ; parce que l'ignorance qui, pendant des siècles, a accablé la chrétienté, a facilité et probablement rendu nécessaire la prépondérance des hommes d'église. Afin de conserver plus tard cette suprématie, ils ont successivement greffé sur la religion chrétienne une Église romaine qui leur a donné des armes pour entretenir l'ignorance et le fanatisme dont ils avaient besoin.

Ils ont bien voulu l'instruction, mais en se la réservant pour servir leur but et paraître supérieurs au commun des mortels ; et c'est parce que Galilée n'était pas des leurs qu'ils l'ont mis dans les fers !

Aussi, dès que les ténèbres du moyen âge commencèrent à être dissipées, beaucoup de croyants arrivèrent insensiblement à mieux comprendre le sentiment de leur dignité. Ils se réunirent pour lutter contre l'erreur, et là où les peuples eurent assez d'énergie et de courage, ils réussirent à briser les chaînes du catholicisme et à devenir chrétiens, c'est-à-dire protestants. — Aujourd'hui nous pouvons juger du chemin qu'ils ont fait en Angleterre et en Amérique, aussi bien que sur le continent.

CHAPITRE IV.

Quels ont été nos vainqueurs dans la lutte que nous venons de soutenir?

La science, l'instruction et la discipline.

Certes la science ne fait pas défaut à Paris; eh bien! celle de la stratégie militaire était, il paraît, plus avancée en Prusse que chez nous, et, quoique avertis, nous n'avons pas voulu le croire, aveuglés que nous étions par notre amour-propre.

L'instruction? elle est plus forte et plus répandue en Allemagne qu'en France, surtout chez les officiers et sous-officiers; elle contribue ainsi non-seulement à faciliter l'exécution pratique des calculs de la théorie, mais elle donne la sécurité d'avoir toujours une intelligence prête à remplacer celle qui disparaît subitement sur le champ de bataille.

Enfin la discipline qui découle de l'autorité et du devoir est plus inoculée chez l'Allemand que chez le Français ; nous avons, par contre, l'initiative martiale, qui nuit à la subordination, mais qui rend le guerrier brillant et chevaleresque ; seulement, comme nous sommes habitués à être flattés, les premiers mobiles du militaire sont la gloire, l'avancement et la croix. Se battre et mourir modestement pour le pays sont, ou plutôt étaient au second plan. Cette éducation nous a été faite par les monarques, et tant que nous ne pourrons pas nous passer de ces hochets vaniteux que distribue le Pouvoir, nous ne resterons pas longtemps citoyens ; et au lieu de crier dans nos manifestations : Vive la France ! nous recommencerons bientôt à crier : Vive tel roi ou tel empereur.

Il nous est arrivé dans la guerre actuelle ce qui advint à un petit peuple, invincible pendant deux siècles, qui devint, par son esprit de justice, l'arbitre choisi de ses grands voisins, et qui, dans l'une de ses dernières victoires, avait réussi à reprendre la Lorraine pour la rendre à son allié Réné qui en avait été dépouillé.

Confiante dans sa vaillance, l'armée suisse ne voulut pas se préoccuper à Marignan de la nouvelle tactique des armes à feu. Les soldats, dans leur héroïsme, allaient jusqu'à se jeter sur les canons et à les serrer dans leurs bras afin d'en atténuer l'effet! Exploits inutiles! Ils furent vaincus par la Poudre comme nous venons de l'être par les trois phalanges: Science, Instruction et Discipline.

Que faut-il faire pour obtenir ce qui nous manque? Là est le vif de ce débat. Chercher la lumière sans passion, et, dût-il n'en jaillir qu'une seule étincelle, avoir le courage d'en propager le germe.

CHAPITRE V.

Le développement de l'homme à l'état primitif se borne à l'instinct et aux forces physiques.

La tribu sauvage est reliée par l'esprit de race ou de localité.

Le lien des populations, c'est une religion quelconque faisant comprendre aux hommes qu'il y a un Être supérieur à eux. Si cette religion n'est qu'une grossière idolâtrie, elle indique que la population est restée dans un état voisin de la barbarie. Si, au contraire, elle s'adresse plus on moins aux facultés intellectuelles, elle forme et améliore le moral des hommes.

Toute idolâtrie spirituelle ou matérielle nuit à la foi

de l'homme, de même que la foi ignorante fait souvent reculer l'intelligence humaine. Le Coran n'a qu'une idole spirituelle, le Prophète, mais le fanatisme et la promesse d'un Paradis sensuel ont abaissé et non relevé le musulman.

La religion chrétienne est divine, parce qu'elle nous rend tous égaux devant l'Éternel; qu'elle combat les passions et les faiblesses humaines; qu'elle est amour et pardon et qu'elle seule apaise le remords. Elle est divine, parce qu'elle élève l'âme, l'illumine, la transforme et la transporte par avance dans l'éternité. Il est donc superflu de dire que les peuples ne peuvent subsister sans religion ; mais il faut ajouter, que tous déclinent au fur et à mesure que la foi s'affaiblit, même avec l'instruction et les progrès de la civilisation. Pourquoi ?

Parce que la religion sans la foi est un mot creux.

Cherchons donc si la foi chrétienne s'est conservée en France ? Oui, mais principalement dans les populations simples, éloignées des grandes villes et, il faut le dire à regret, là où l'instruction n'a pas pénétré.

Comment se fait-il que là où l'homme est initié par

l'éducation à tout ce qui est beau et révèle la puissance de ces capacités, comment se fait-il qu'il recule plutôt que d'avancer dans la foi chrétienne ?

Imposer la croyance, c'est éloigner le fidèle dont le premier devoir est d'analyser, d'interpréter selon son jugement et d'après ses connaissances, soit les saintes Écritures, soit les paroles de ceux qui ont la mission de prêcher l'Évangile. Renier cette faculté d'interprétation, c'est aller contre la volonté du Créateur qui a voulu que l'homme conservât son libre arbitre, c'est-à-dire l'initiative de son intelligence.

Or, l'Église romaine ne veut pas que le fidèle discute, mais qu'il soit soumis, et elle lui impose la confession, afin de le diriger d'après ses vûes. Elle s'adjuge ainsi la propriété de la conscience, ce qui est un détournement au préjudice de Dieu qui, seul, en est le dépositaire.

De ces erreurs, qui ne sont pas en harmonie avec une raison éclairée, il résulte que, pour ne pas être en opposition avec lui-même, l'homme instruit, sauf les cas de cérémonie, s'abstient de participer aux pratiques religieuses. Il perd ainsi l'habitude de contrôler ses actes devant Dieu ; il se fait une morale à lui, laquelle tend insensiblement à s'éloigner de l'esprit du devoir, qui doit être inhérent à tout Chrétien. Les ouvriers moins éduqués, qui, par leurs travaux, sont ou réunis ou en contact permanent avec la société, discernent assez bien ces tendances sociales. Ils suivent la même pente et ils se font aussi une morale à leur gré, ainsi qu'on en peut juger par ceux qui se laissent entraîner dans ces associations d'égarés rebelles au travail et au sentiment du devoir.

On fera, par contre, la remarque que les femmes en général pratiquent avec assiduité le culte et les formes de l'Église romaine. C'est vrai, et c'est une justice à leur rendre.

Un grand coupable, interrogé sur sa femme et sur ses complices, répondit aux juges : « Pour la femme, faut pas en parler, elle a de la religion, elle ! »

Cette simple parole révèle bien ce qui se passe dans les familles où l'homme abdique, en faveur de la femme, tout ce qui tient aux questions religieuses.

La première conséquence de cet abandon, c'est que le mari commence à être mécontent de lui-même; il ne dénigre pas ouvertement, mais il attaque sourdement et sans distinction les vérités chrétiennes aussi bien que les erreurs de l'Église. Au lieu d'éclairer sa compagne, il la laisse de plus en plus sous la domination du prêtre qui, par la confession, devient, sinon omnipotent, du moins le grand juge des questions de conscience et d'intérieur qui ne le regardent pas.

Alors la tolérance religieuse s'enfuit du cœur de la femme; celle qui a de l'instruction et une position dans le monde demande timidement si les protestants sont des chrétiens, et celle qui est ignorante les traite de damnés. C'est ainsi que nous avons vu, pendant cette guerre, plusieurs localités ameutées par les prêtres contre les protestants français, et que, malgré la liberté des cultes, quelques maires se sont permis de faire suspendre la prédication religieuse dans les temples protestants, fait qui s'est passé le 20 novembre 1870 à Divonne (Ain).

Revenons à la famille.

Les enfants s'aperçoivent de bonne heure du côté faible du ménage, et ils font vite usage d'une petite diplomatie enfantine au moyen de laquelle ils obtiennent ce qu'ils désirent. Vu le manque d'unité, on tolère à l'env ce qui devrait être réprimé ou réprimandé.

De faiblesse en faiblesse, on laisse ainsi la jeunesse se relâcher trop vite du respect dû aux principes d'ordre et de morale de l'intérieur de la famille, et on ne prend pas assez garde que dans les moments périlleux de la vie, ces principes sont à tout âge notre ancre de salut.

De là, peut-être, le premier point de départ de cette disposition à nous soustraire au sentiment du devoir.

« Le mal qui mine les sociétés, » a dit un philosophe, « vient généralement d'en haut et rarement d'en bas. »

C'est au riche à savoir dépenser sans ostentation, afin de ne pas faire naître l'envie, et, plus il y a d'aisance et d'éducation dans une famille, plus celle-ci doit prouver, par son bon exemple, qu'elle en comprend toute la responsabilité.

CONCLUSION

Si donc nous voulons nous améliorer, il nous faut envisager de haut, sans esprit de révolte, les causes de notre abaissement actuel et savoir y porter remède.

Notre premier soin doit être de faire que l'instruction ne se sépare pas de la religion, mais qu'elle serve à éclairer les populations sur les simples vérités du Christianisme.

Que l'ignorance et le fanatisme s'éloignent de nous,

chaque erreur mise de côté dans l'Église romaine nous rapprochera de nos frères protestants.

Nous avons foi dans un pareil avenir, en voyant approcher la fin du pouvoir temporel des papes, tandis que nous marchons à la séparation de l'Église et de l'État.

Avec du courage, nous ferons insensiblement la conquête des vertus éclairées qui font le bon chrétien et le vrai citoyen républicain. Nous reconnaîtrons de plus en plus que la Religion et l'Instruction, unies à la Liberté, sont les réelles sauvegardes des peuples qui veulent conserver leur indépendance, et, pauvres ou riches, faibles ou puissants, nous comprendrons mieux que c'est l'accomplissement du devoir qui donne la satisfaction de la conscience, sans laquelle il n'y a pas de vrai bonheur.

Dieu ! sauve la France et fais qu'elle s'humilie devant toi ; autrement elle restera le point de mire des ambitieux français et étrangers. Déçue dans ses espérances, elle est maintenant couverte d'un voile de deuil ; mais ayons encore confiance, elle se relèvera et se fortifiera dans l'adversité, si nous voulons sérieusement invoquer et prendre pour guide le noble symbole des Républiques :

Dieu, Patrie et Liberté.

149